Ideen**Blitz**

Ingrid Biermann

GeburtsTage

Kleine Aktionen für den Kita-Alltag

Herder Freiburg · Basel · Wien

Vorwort

Geburtstage

Schon lange vor dem dritten Lebensjahr hat ein Kind erkannt, dass der Geburtstag ein besonderer Tag ist, an dem sich Mama, Papa, Oma, Opa, aber auch andere Menschen ganz besonders viel Zeit nehmen. Es wird gemeinsam gespielt, Kuchen gegessen, mitten im Jahr bekommt man schöne Geschenke und alle gehen nett und freundlich miteinander um.
Wenn das Kind dann in den Kindergarten kommt, bekommt der Geburtstag noch einmal einen ganz anderen Stellenwert. Jetzt feiert eine große Kindergruppe mit. Auch hier sind an diesem Tag alle besonders nett. Gemeinsam werden nicht alltägliche Spiele gemacht, es gibt vielleicht eine besonders feine Frühstücksüberraschung und eventuell bekommt das Geburtstagskind auch hier ein Geschenk. Es ist verständlich, dass so gut wie jedes Kind seinem Geburtstag schon eine lange Zeit vorher ungeduldig und mit Spannung entgegenfiebert.
Doch nicht jedes Kind kann sich über diese besondere Zuneigung und Zuwendung freuen. Kinder, die noch Schwächen in ihrem Selbstbewusstsein aufweisen, haben Mühe damit, im Mittelpunkt zu stehen oder geehrt zu werden. Für sie ist dann ihr eigener Geburtstag sehr anstrengend. Es dauert oft eine ganze Zeit, bis sie diesen besonderen Tag im Kreise von vielen anderen Kindern genießen können. Daher sollten die Geburtstage im Kindergarten mit viel Geschick und Fingerspitzengefühl geplant und gestaltet werden.

Damit die Feier für das Kind ein Genuss ist, muss sie individuell auf die Entwicklung und auf die Bedürfnisse eines jeden Kindes abgestimmt sein; denn nicht jede Aktion macht jedem Kind gleich viel Freude. Erst wenn der Erzieherin dieses klar geworden ist und jeder Geburtstag etwas von dieser Individualität aufweist, wird die Feier für jedes Kind ein ganz persönliches Geschenk.

Bei einem Kind, das nicht gern in der Kreismitte steht und ein Spiel beginnt, sollten auch solche Spiele nicht auf dem Geburtstagsprogramm stehen. Aber ein Kind, bei dem die Geschicklichkeit und die Bewegungsfreude stark ausgeprägt sind, wird sich bestimmt sehr über ein Sportfest als Überraschung freuen. Jedoch ist eines bestimmt für alle klar, der Geburtstag im Kindergarten sollte sich schon von allen anderen Tagen unterscheiden und hervorgehoben werden, was nicht heißt, dass er mit übertriebenem Aufwand ablaufen muss.

Inhalt

Ein Tag im Wald, auf einer Wiese, in einem Museum, ein Luftballontag mit entsprechenden Spielen oder kleinen anderen Aufgaben, ein Maltag oder einfach nur ein Wasser- oder Regengeburtstag, an dem man in den Pfützen spielen darf, ist, gemeinsam erlebt, etwas Unvergessliches. Es gibt viele schöne Orte, an denen man feiern, spielen, singen, essen oder Geschichten hören kann. So kann ein Stoppelfeld zu einem Drachentag einladen, ein Sandhügel zu einem Matschtag aufrufen oder der Zoo ganz in der Nähe den Geburtstag in einen Zootag umwandeln. Schauen Sie sich in Ihrer Gegend um und beziehen Sie Gegebenheiten, das Umfeld, die Jahreszeit und das Wetter mit ein. Die Eltern des Geburtstagskindes werden bei der Durchführung einer solchen Feier bestimmt behilflich sein. Um Sie bei der Planung ein wenig zu unterstützen, möchte ich Ihnen in diesem Heft einige Anregungen geben. Kombinieren Sie diese Ideen mit Ihren eigenen und schenken Sie dann jedem Kind einen individuellen Geburtstag.

Ingrid Biermann

Der schönste Tag im Jahr

Raumvorbereitung: Die Erzieherin deckt einen Geburtstagstisch.

Einstieg: Die Kinder sitzen in einem großen Kreis um den Geburtstagstisch. Zuerst wird über einen konkreten Geburtstag gesprochen, danach die folgende Geschichte erzählt:

Nina wird bald sechs Jahre alt. Sie feiert ihren Geburtstag nicht nur mit Freunden zu Hause, sondern auch mit ihrer ganzen Gruppe im Kindergarten. Auf dieses Fest freut sie sich schon lange Zeit vorher, denn Frau Schiller, die Erzieherin, denkt sich für diesen schönsten Tag im Jahr immer etwas Besonderes aus. Zusammen mit drei oder vier Kindern aus der Gruppe bereitet sie das Fest vor. Immer wird das Geburtstagskind mit etwas Ungewöhnlichem überrascht.
An den letzten Geburtstag kann sich Nina noch gut erinnern. Sie hatte einen „Wasser- und Matschtag" geschenkt bekommen. Mit vielen Planschbecken war der Spielplatz in

eine Minibadeanstalt verwandelt worden. Nina hatte den ganzen Vormittag mit den Kindern aus ihrer Gruppe geplanscht, Wasserspiele gemacht, war mit ihnen über eine Wasserrutsche gerutscht und hatte mit Sandmatsche gespielt. Es gab einen riesigen Sandkuchen und eine wunderbare Wassermelone.
Was Frau Schiller sich dieses Jahr für Ninas sechsten Geburtstag ausgedacht hat, das bleibt jedoch noch ein großes Geheimnis. Nina ist schon sehr gespannt. Da es aber bis zu ihrem Geburtstag doch noch einige Tage dauert, will sie jetzt einfach nicht mehr daran denken, denn sonst vergeht die Zeit nie. In den nächsten Tagen spielt Nina wie immer mit ihren Freundinnen, fährt mit dem Rad, spielt auf dem Spielplatz und denkt tatsächlich nicht mehr an ihren Geburtstag. Die Gedanken daran sind einfach aus ihrem Kopf verschwunden.

Als aber Nina eines Morgens aufwacht und in die Küche geht, ist alles so anders. Papa ist da, Mama hat frische Brötchen geholt und beim Frühstück streichelt sie ihr oft durch das Haar. Papa will sie heute vom Kindergarten abholen und etwas Schönes mit ihr unternehmen. Nina frühstückt und geht wie immer in den Kindergarten.

Doch auch hier ist heute alles so anders. Als sie auf ihre Gruppe zugeht, wundert sie sich, dass die Gruppentür geschlossen ist. In dem Moment, als sie die Tür einen Spalt öffnet, wird sie lautstark begrüßt. Alle Kinder trampeln mit den Füßen auf den Boden, schlagen mit den Händen auf die Oberschenkel, klatschen in die Hände und rufen so laut sie können: „Aaaaaaaaaaa.“ Dann laufen sie auf Nina zu und gratulieren ihr. Jetzt ist Nina sprachlos. Sie hat heute Geburtstag, und den hat sie tatsächlich vergessen. Kein Wunder, denn ihre Mutter hat heute Morgen auch nichts gesagt. Jetzt weiß sie auch, warum Papa heute frei hat und sie vom Kindergarten abholen will.
In diesem Jahr ist allen die Überraschung gut gelungen. Nina ist noch ganz verwirrt. Die Kinder schenken ihr ein wunderschön bemaltes Halstuch. Gerade als sie ihr ein Geburtstagslied singen, geht die Tür auf und ihre Mutter steht dort. Sie hat einen Picknickkorb in der Hand und sagt:

„Heute feiere ich mit. Frau Schiller und ich machen mit euch einen Zootag." Die Idee findet Nina gut, denn in den Zoo geht sie gerne und mit ihren Freunden aus der Gruppe wird ein Besuch im Zoo bestimmt noch viel schöner.
Den ganzen Morgen verbringen sie zusammen im Zoo. Frau Schiller hat eine Zoorallye vorbereitet. Sie müssen bestimmte Tiere suchen, Geräusche erraten und die Bewegungen und Laute von Tieren nachahmen. Ninas Mutter hat alles für ein Zoopicknick mitgebracht. Die ganze Zeit haben die Kinder viel Spaß. Um 12 Uhr gehen sie müde, aber sehr zufrieden zurück in den Kindergarten. Ninas Vater steht schon dort und wartet. Er will sie und ihre Mutter abholen. Nina freut sich. Sie läuft auf ihren Papa zu und erzählt ihm von dem schönen Morgen im Zoo. Dann bedankt sie sich bei Frau Schiller. Zusammen mit ihren Eltern fährt Nina davon. Wohin sie fährt, das weiß Frau Schiller auch nicht.

Auswertung: Gemeinsam können die Kinder einen Schluss erfinden und darüber nachdenken, was Nina am Nachmittag wohl mit ihren Eltern macht. Sie können anschließend eigene Geburtstagsfestwünsche äußern, d.h., der Erzieherin erzählen, wie sie ihren Geburtstag mit der Gruppe feiern möchten. Diese Wünsche werden aufgeschrieben und nach Möglichkeit verwirklicht.

Spielvorschläge zur Geburtstags-gestaltung

Ein Verkleidungsfest

In vielen Kindergärten gibt es einen großen Korb oder Karton mit Altkleidern, die mit Hilfe der Eltern gesammelt wurden: Kleider, Röcke, Hüte, Mützen, Taschen, Schuhe usw. Die Kinder können sich damit nach Herzenslust verkleiden und in andere Rollen schlüpfen.

Spiele für das Verkleidungsfest:

Der Verkleidungswürfel

In der Kreismitte liegt ein Berg Kleidung. Die Kinder würfeln der Reihe nach. Die gewürfelte Augenzahl zeigt an, wie viele Kleidungsstücke die Kinder jeweils anziehen dürfen. Erschwert wird das Spiel, wenn z.B. bei der Zahl 1 wieder ein Teil ausgezogen werden muss oder wenn ein Spieler noch einmal würfeln darf, wenn er die 6 geworfen hat. Die Kinder und Sie können natürlich auch ganz andere Regeln erfinden.

Ist der Kleidungsberg aufgelöst, ziehen sich die Kinder wieder aus. Dabei werden die Teile gezählt. Wer hatte die meisten Kleidungsstücke an?

Variation:
Innerhalb von einer festgelegten Zeit (die Erzieherin stoppt mit der Uhr) ziehen die Kinder sich, so schnell es geht, irgendwelche Kleidungsstücke an. Danach wird der Würfel eingesetzt und entsprechend der gewürfelten Augenzahl ziehen sich die Kinder wieder aus. Auch hier können Zusatzregeln erfunden werden.

Kostümrennen

Es werden zwei gleich lange Rennstrecken aufgebaut. Innerhalb dieser Strecken gibt es Stationen, an denen jeweils die gleichen Kleidungsstücke liegen, z.B. zwei Hüte, zwei Paar Stiefel, zwei Jacken, zwei Hosen. Jeweils zwei Kinder starten zeitgleich und ziehen sich die auf der Strecke liegenden Kleidungsstücke an. Haben sie alle Dinge angezogen, laufen sie zurück zum Start. Wer hat seine Aufgabe zuerst erfüllt?

Koffer packen

Zwei Kinder wollen verreisen. Sie müssen ihre Koffer packen. Ihre Kleidungsstücke liegen jedoch kreuz und quer in der Wohnung herum. Sind alle Kleidungsstücke eingepackt, so wird nachgezählt, wie viel jedes Kind im Koffer hat. Wer hat die meisten Kleider erwischt?

Eine Dorf- oder Stadtrallye

Vorschläge für eventuelle Fragen und Aufgaben:

1. Wie viele Bankreihen stehen in der Dorfkirche?
2. Zählt die Torten, die beim Konditor im Schaufenster stehen.
3. Wie viele Bäume stehen vor dem Rathaus?
4. Geht zur Post und holt eine Briefmarke.
5. Geht zum Kaufmann und holt drei Äpfel.
6. Wie viele Treppen führen zum Stadtmuseum?

usw.

Erkunden Sie doch einmal mit Ihrer Gruppe am Geburtstag eines Kindes Ihr Dorf oder Ihre Stadt. Dabei haben die Kinder nicht nur viel Spaß, sondern erfahren auch noch etwas über ihre nahe Umgebung. Die Erkundungstruppe bekommt kleine Sonnenschilder oder Hüte, die vorher aus Pappe oder Papier gebastelt wurden. Danach werden kurz der Weg und verschiedene Aufgaben festgelegt. (Eventuell müssen Sie vorher mit dem Bäcker, dem Kaufmann, dem Friseur, dem Bauern sprechen, bei dem die Kinder eine Aufgabe lösen sollen.) Die Erzieherin erstellt ein Aufgabenbuch. Da sie die Strecke kennt, ist sie nur Begleiterin der Kinder. Sie liest die Wegbeschreibung und die Aufgaben vor. Eventuell kann sie die Strecke vorher auch mit Fähnchen, Pfeilen oder Luftballons kennzeichnen.
Dann kann es losgehen. Die Kinder regeln alles ganz selbstständig. Unterwegs kann Rast in einer Eisdiele, in einem Café oder ein Picknick auf einem Dorfplatz gemacht werden.

Auf dem Dorfplatz, unter einem alten Baum kann beispielsweise ein Geburtstagslied gesungen oder eine Geschichte vorgelesen werden.

Ein Wiesen- oder Waldgeburtstag

Verbringen Sie den Geburtstag eines Kindes im Wald oder auf einer Wiese. Dort können viele schöne Spiele gemacht werden. Ein Wald- oder Wiesenfrühstück rundet diesen Tag ab.
Auch der Spaziergang durch den Wald oder über ein Wiesengelände kann wie eine Rallye gestaltet werden.

Beispiele:

1. Die Kinder gehen einen gekennzeichneten Weg und sammeln unterwegs bestimmte Gräser, Blumen oder Baumfrüchte.
2. An verschiedenen Stationen ertasten, erriechen oder erschmecken sie etwas mit verbundenen Augen.
3. Sie balancieren, krabbeln oder hüpfen eine bestimmte Strecke.

Ein Spiel-, Spaß- und Sportfest

Geburtstagsspiele unter einem sportlichen Motto

Hinweis:
Da die Ergebnisse und Gewinne nicht zusammengezählt, sondern nur mitgeteilt werden, können sich Einzel- und Gruppenspiele abwechseln.

Materialien:
Bierdeckel (wenn möglich, fertigt die Erzieherin ein paar Tage vorher für alle teilnehmenden Kinder Bierdeckelorden an), viele Tennisbälle, ein großer Karton, zwei Stoppuhren, Buch und Stift zum Festhalten der Ergebnisse, zwei Kinderschubkarren, Absperrband, 6 Stäbe (um die Bahnen abzugrenzen), 6 Stühle oder Kästen, viele Luftballons oder Bälle, die mit Wasser gefüllt sind, vier leere Eimer, zwei Holzkochlöffel, 2 Paar größere Gummistiefel, zwei Gymnastikbälle, zwei Hüte, zwei Spazierstöcke oder Gymnastikstäbe, mehrere gleich große Zeitungen.

Rückwärtsweitwurf

Jedes Kind bekommt drei Tennisbälle. In einer bestimmten Entfernung wird ein breiter, großer Karton aufgestellt. Die Kinder versuchen ihre Bälle rückwärts in den Karton zu werfen. Wer hat die meisten Treffer?

Rückwärtswettlauf

Zwei Kinder laufen zeitgleich rückwärts eine festgelegte Strecke, die mit Stühlen oder Kästen als Hindernissen versehen ist. Diese müssen umlaufen werden. Wer ist der Schnellste?

Schubkarrenlauf

Vier Kinder spielen zeitgleich auf zwei Bahnen. Ein Kind sitzt in der Schubkarre, das andere schiebt. Wer ist zuerst am Ziel?

Wasserballzielwurf

Luftballons werden mit Wasser gefüllt und fest verknotet. Die Kinder werden in zwei Gruppen aufgeteilt. Sie bekommen jeweils die gleiche Menge Luftballons und spielen zeitgleich auf zwei Bahnen. Am Ziel steht ein Spieler, der die geworfenen Ballons auffangen muss. Die restlichen Spieler jeder Gruppe stehen hintereinander am Start. Auf ein Kommando werfen die Spieler beider Gruppen nacheinander jeweils einen Ballon dem Fänger zu. Er fängt die Ballons und legt sie auf den Boden. Welche Gruppe hat die meisten Ballons?

Ballrennen

Die Kinder werden wieder in zwei Gruppen aufgeteilt. Sie spielen zeitgleich auf zwei Bahnen. Am Start steht ein Eimer mit Tennisbällen, am Ziel steht ein leerer Eimer. Das erste Kind jeder Mannschaft bekommt einen Holzlöffel. Auf ein Kommando hin muss es schnell einen Ball auf den Holzlöffel legen, ihn zu den am Ziel stehenden Eimer bringen, zurücklaufen und den Löffel dem zweiten Spieler übergeben. Dieser führt das Spiel wie beschrieben weiter. Jeder verlorene Ball muss aufgehoben und weiter getragen werden, bis er im Eimer ist. Welche Gruppe hat ihre Aufgabe zuerst erledigt?

Gummistiefellauf

Die Kinder werden in zwei Gruppen aufgeteilt. Sie spielen zeitgleich auf zwei Bahnen. Am Start steht jeweils ein Paar zu große Gummistiefel. Auf der Bahn sind Hindernisse aufgebaut, die das Kind umlaufen muss (z.B. Stühle oder Kästen). An einem Wendepunkt muss es zurücklaufen. Am Ziel werden die Stiefel schnell ausgezogen. Das zweite Kind zieht sie an und spielt weiter wie beschrieben. Sind alle Kinder gelaufen, so ist das Spiel beendet. In welcher Gruppe sind die schnellsten Gummistiefelläufer?

Watschelstaffel

Jeweils zwei Kinder spielen zeitgleich auf zwei Bahnen. Auf diesen liegen jeweils in Abständen ein aufgeblasener Luftballon oder ein Ball, ein Hut und ein Spazierstock. Am Start laufen die Kinder auf ein Kommando los, nehmen den Luftballon und halten ihn mit den Knien fest, watscheln zum Hut und setzen ihn auf, watscheln zum Stock und nehmen ihn in die Hand und watscheln schnell zurück zum Ziel. Wer ist zuerst dort?

Zeitungslauf

Die Kinder werden in zwei Gruppen aufgeteilt. Sie spielen zeitgleich auf zwei Bahnen. Am Start liegen für jedes Kind gleich große Zeitungsstapel. Auf ein Kommando hin nehmen die ersten Kinder einer Mannschaft einen Stapel, legen ihn auf den Kopf, laufen zu einem Ziel und legen den Stapel ab. Erst dann läuft das zweite Kind. Welche Gruppe hat zuerst ihre Zeitungen transportiert?

Abschluss: Die Ergebnisse werden bekannt gegeben und alle Kinder bekommen einen Bierdeckelorden.

Ein Indianer-geburtstag

Feiern Sie mit den Kindern den Geburtstag doch einmal unter einem Motto. Kinder verkleiden sich auch gerne einmal mitten im Jahr. Damit das Fest zu einem unvergessenen Ereignis wird, finden Sie hier einige Beispiele für den Ablauf einer solchen Feier.

Raumgestaltung:
Ein Indianergeburtstag lässt sich natürlich sehr gut unter freiem Himmel feiern. Aber auch im Haus hat man die Möglichkeit, eine passende Atmosphäre zu schaffen. Wenn es möglich ist, sollte ein ganzer Raum (z.B. der Gymnastikraum) in ein Indianerlager umgestaltet werden. In diesem Raum können die Kinder dieses Geburtstagsthema noch ein paar Tage länger mit Geschichten oder anderen Spielen vertiefen.

Indianerzelt:
Aus Bohnenstangen, die mit einer festen Schnur zusammengebunden werden, kann ein Zeltgerüst erstellt werden. Dieses wird mit Betttüchern, bunten Stoffen oder mit Papier in ein Indianerzelt verwandelt.
Es können aber auch fertige Indianerzelte verwendet werden.

Lagerfeuer:
Ein symbolisches Lagerfeuer aus rotem Stoff und Holz ist der Treffpunkt für alle Indianer. Sollte das Lager draußen errichtet werden, so ist ein richtiges Lagerfeuer eine besondere Überraschung.

Die Indianer Hin und Her

Spielanweisung: Bei dem Wort Hin stehen alle auf, bei dem Wort Her setzen sie sich wieder.

Zum Stamm der Titschis gehören die beiden Indianer Hin und Her. Sie sind vom Sonnenaufgang bis zum Sonnenuntergang zusammen und machen alles gemeinsam. Hin und Her haben nie Langeweile. Ihnen fällt immer etwas ein. Manchmal ist für sie der Tag viel zu kurz, um alles zu machen, was ihnen einfällt. Hin und Her strolchen gerne in den Bergen herum.
Dort haben die beiden vor einigen Tagen eine Höhle entdeckt. Darin suchen sie nach Edelsteinen, Gold, Bärenknochen oder anderen wertvollen Dingen. Diese Höhle kennt außer Hin und Her noch niemand und so soll es auch bleiben.

Wenn sie einmal nicht in der Höhle sind, so liegen Hin und Her auch sehr gerne auf der Wiese. Dann lassen sie sich den Wind um die Nase wehen, schließen ihre Augen und träumen davon, einmal Häuptling zu sein.
Eines Tages, als Hin und Her mal wieder durch die Gegend strolchen, findet Hin in einer Felsspalte einen Teil einer Schatzkarte. Her, der gerade auf der anderen Seite des Berges ist, findet unter einem dicken Stein ebenfalls einen Teil einer Schatzkarte. Er ruft ganz laut nach seinem Freund. Hin nimmt seinen Teil der Schatzkarte und läuft schnell zu Her. Beide stehen voreinander und halten das, was sie gefunden haben, in der Hand. Erstaunt fragen sie sich: „Passen die Kartenteile wohl zusammen?“ Schnell legt Hin sein Kartenstück an das von Her. Tatsächlich, die Teile gehören zusammen. Nun haben sie eine richtige Schatzkarte! Neugierig schauen sich Hin und Her die Karte an. Dort sind geheimnisvolle Zeichen zu sehen. Plötzlich entdeckt Hin einen Berg und Her erkennt den Eingang zu einer Höhle. Berg und Höhleneingang sehen genauso aus, wie der Ort, an dem sie immer spielen. Nun entdecken sie auf der Karte noch eine Schatztruhe. Sie liegt fast genau an der Stelle, an der Hin und Her immer nach Bärenknochen und Edelsteinen suchen. So schnell es geht laufen sie zu ihrer Höhle. Sie wollen den Schatz unbedingt finden.
Hin geht voran und hält die Schatzkarte. Her geht etwas ängstlich hinterher. Der Höhlengang wird immer enger und es wird auch immer dunkler. Plötzlich können sie nichts mehr sehen. Um sie herum ist es stockfinster. Her bekommt Angst, doch Hin, der Mutige, geht weiter. Da entdeckt er in der Ecke etwas Glitzerndes.
„Das ist die Schatztruhe“, denkt er und ruft laut nach Her. Gemeinsam schleppen sie die Kiste ans Tageslicht. Das ist ein hartes Stück

Arbeit, doch sie hat sich gelohnt. Als sie die Kiste öffnen, glauben sie zu träumen. Sie ist bis zum Rand mit Goldstücken gefüllt.
„Wir haben es geschafft“, ruft Hin und Her schreit: „Wir haben einen eigenen Schatz.“
Da sie zwei gute Indianer sind, bringen sie den Schatz zum Stammeshäuptling. Auch er freut sich über den Schatz. „Nun hat mein Volk keine Not mehr“, sagt er mit froher Stimme und bedankt sich bei Hin und Her. Sofort trommelt er sein Volk zusammen, verteilt die Goldstücke und feiert mit allen ein großes Fest. Hin und Her aber, die beiden Indianerkinder, bekommen vom Häuptling einen langen Federschmuck. Sie sind sehr stolz, denn jetzt sind sie kleine Häuptlinge.

Indianerrallye
Eine Kindergruppe legt mit Hilfe von Steinen, Federn, Sand oder Fußspuren aus Pappe eine Strecke zum Indianerschatz. Die zweite Gruppe geht den Spuren nach, um den Schatz (eine Schachtel mit kleinen Edelsteinen) zu finden. Unterwegs müssen die Kinder an verschiedenen Stationen Aufgaben lösen, z.B. etwas erriechen, etwas erschmecken, etwas erhören, etwas erfühlen; sie können auch über Bänke balancieren oder über einen Fluss springen. Sind sie am Ziel, suchen sie die versteckte Schatztruhe. Jedes Kind erhält zur Erinnerung an diese Schatzsuche einen kleinen Edelstein als Geschenk.

Steckenpferd basteln
Aus fester Pappe schneiden die Kinder einen Pferdekopf. Dieser wird an einem Stock befestigt und mit Wolle und Knöpfen weiter gestaltet.

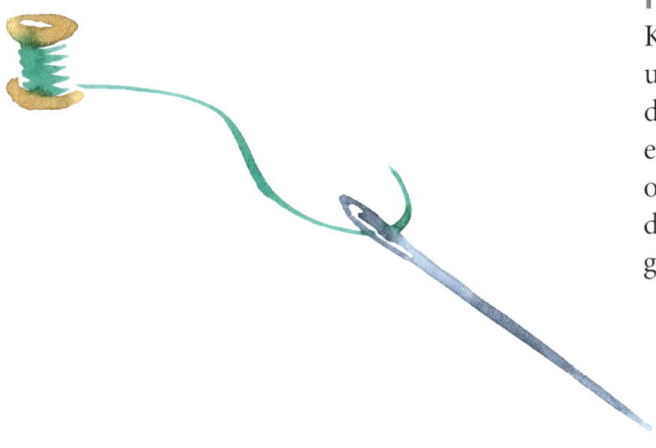

Indianerschmuck
Pappe, Wolle, Stopfnadeln, Klebstoff, Schere, Federn, Perlen, Korkenscheiben, Blätter, Eicheln oder andere Naturmaterialien werden bereitgestellt. Die Kinder können damit für sich Schmuck herstellen.
Selbst gemachte Perlen: Aus Salzteig werden kleine Kugeln geformt und mit einem dicken Draht durchstochen. Nach dem Trocknen werden sie angemalt und können zu bunten Ketten aufgefädelt werden.

Basteleien mit Korken
Aus Korken, Zahnstochern, Filz, Federn, kleinen Perlen und Klebstoff können Korkindianer und Korkpferde gebastelt werden. Aus kleinen, zusammengebundenen Ästen entstehen Indianerzelte. Mit Steinen und Sand kann ein Indianerlager gestaltet werden.

Deftiges für einen Indianerschmaus

Pfannenkartoffeln:
Kleine Kartoffeln werden gewaschen, halbiert und auf ein gefettetes Backblech gelegt (mit der Schnittfläche nach unten), dann oben eingeritzt, mit Öl eingepinselt und mit Sesam oder Gewürzen bestreut. Die Kartoffeln werden im Backofen ca. 45 Minuten bei 200 Grad gebacken. Dazu schmeckt Kräuterquark.

Grillspezialitäten:

Wird das Fest im Freien gefeiert, so können auf einem Grill aus Ziegelsteinen und einem Backofenblech kleine Würstchen, kleine Fleischstücke, Gemüse, Kartoffeln und sogar Obst gegrillt werden.

Zaubertrunk:

In Himbeersaft oder Holundersaft werden kleine Apfelstückchen geschnitten.

Wollt ihr wissen

(Melodie: Wollt ihr wissen.)

Wollt ihr wissen, wollt ihr wissen,
was Indianer gerne machen?
Leise schleichend, leise schleichend, ja so kann man sie sehn.
... Ganz laut stampfend, ... Pfeife rauchend,

Weitere Strophen erfinden die Kinder selbst.

Spiellieder

Hopp, hopp, hopp, wir reiten im Galopp

(Melodie: Hopp, hopp, hopp, Pferdchen, lauf galopp)

Hopp, hopp, hopp, wir reiten im Galopp,
reiten über Stock und Steine, reiten heute nicht alleine,
hopp, hopp, hopp, wir reiten im Galopp.

Hopp, hopp, hopp, wir reiten im Galopp,
schleichen durch den warmen Sand, hier im Indianerland,
hopp, hopp, hopp, wir reiten im Galopp.

Hopp, hopp, hopp, wir reiten im Galopp,
sitzen gerne an dem Feuer, jagen nachts die Ungeheuer,
hopp, hopp, hopp wir reiten im Galopp.

Spielanleitung: Die Kinder reiten auf ihren Steckenpferden und bewegen sich entsprechend dem Text.

Ein Kuscheltiergeburtstag

Zum Geburtstagsfest eines Kindes dürfen die anderen Kinder ihre Kuscheltiere mitbringen. Mit ihnen wird ein schöner Kuscheltiergeburtstag gefeiert.

In einer Ecke des Raumes oder in einem freien Raum wird mit vielen bunten Kissen, Decken, Matratzen, Luftballons und bunten Bällen eine Landschaft gestaltet. Gemeinsam mit dem Geburtstagskind, den Kuscheltieren und den anderen Kindern wird in diesem Raum gespielt, getanzt, gesungen und gegessen. Dieser Raum kann über mehrere Tage auf diese Weise eingerichtet bleiben. So können hier immer wieder Geschichten erzählt, kann hier geträumt oder gespielt werden.

Bommel lädt zum Geburtstag ein

Einstieg: Ein Kuscheltierbär liegt in der Kreismitte. Er ist mit einem Tuch abgedeckt. Die Kinder sollen durch Ertasten und Befühlen erraten, was darunterliegt. Danach stellt die Erzieherin ihn vor. Sie nennt den Namen des Bären und erzählt, dass er sich riesig auf ein ganz besonderes Fest freut. Dann wird er in die Kreismitte gesetzt und die Geschichte kann erzählt werden.

Auch Bären feiern Geburtstag und deshalb will Bommel in diesem Jahr seinen sechsten Geburtstag besonders schön feiern. Von nah und fern sollen seine Bärenverwandten kommen und mit ihm singen, tanzen, lachen und essen. Da Bommels Verwandte auf der ganzen Erde verteilt leben, sitzt er schon Wochen vorher vor seiner Bärenhöhle und überlegt, wem er eine Einladung schicken will. Er möchte niemanden vergessen.
Zuerst fällt ihm sein Vetter, der Eisbär, ein. Da er sehr weit entfernt wohnt, muss er zuerst eine Einladung bekommen. Bommel verschickt seine Einladungen mit der Flaschenpost und bis die Grönland erreicht hat, dauert es viele Wochen. Auch den Honigbären will er einladen. Im letzten Jahr, daran kann Bommel sich noch gut erinnern, hat er von ihm einen großen Topf mit zuckersüßem Honig bekommen. Den haben jedoch seine Gäste aufgeschleckt. Hmmh, Bommel läuft das Wasser im Mund zusammen, wenn er an Honig denkt.
Jetzt muss er noch für den Tanzbären eine Einladung schreiben. Doch, wo der im Augenblick ist, das ist schwer zu sagen, denn der Tanzbär fährt mit einem Zirkus in der ganzen Welt herum. Nach einer Weile fällt ihm noch ein ganz wichtiger Bär ein. Es ist der Schmusebär. Er lebt seit einem Jahr bei der kleinen Sarah. Sie schmust mit ihm von morgens bis abends. Ob der Schmusebär wohl Zeit für ihn hat? Bommel schreibt ihm auf jeden Fall eine Karte. Diese schickt er mit der Eulenpost. Die Eule Katinka weiß, wo der Schmusebär wohnt. Sie spielt gerne den Postboten und bringt in Windeseile die Einladung an Ort und Stelle. Immer wieder überlegt Bommel, wen er noch einladen soll. Da, auf einmal fallen ihm noch der Waschbär, der Pandabär, der Grizzlybär und Kurt, der Brummbär, ein. Auch denen schreibt er schnell noch eine Einladung.
Da Bommel so viele Gäste eingeladen hat, muss er bis zu seinem Geburtstag noch viel tun: die Bärenhöhle säubern und die Gästebetten überziehen, frischen Honigwein machen, Nussecken und Honigplätzchen backen und viel Wackelpudding kochen. Denn das weiß Bommel noch vom letzten Jahr, seinen Wackelpudding haben alle Bären gern geschleckt. Bommel macht diese Arbeiten gerne, denn er freut sich schon sehr auf seine Vettern und Cousinen.
Jeden Tag streicht er auf dem Kalender einen Tag ab und dann ist es endlich so weit. Der große Tag ist da. Heute steht Bommel ganz früh auf. Er bürstet sein Fell und bindet sich eine rote Schleife um den Hals. Dann setzt er sich vor seine Höhle und wartet. Bommel ist sehr gespannt, wer wohl heute zuerst kommt. Da, auf einmal hört er schon schwere tapsige Schritte. Bommel schaut sich um und sieht den Grizzlybären. Er hat einen weiten Weg hinter sich, denn er kommt direkt aus Alaska zu Bommel in den Wald. Er bringt ihm einen großen glitzernden Stein mit. Es ist ein Kristall und Bommel freut sich riesig über das Geschenk. Gerade als er dem Grizzlybären ein Glas Honigwein anbieten will, kommt der Eisbär.

Er schwitzt, denn hier ist es viel wärmer als bei ihm in Grönland. Bommel bekommt von ihm drei dicke Fische. Kurz darauf erscheint der Schmusebär. Er sieht noch ganz zerzaust und müde aus, denn er hat bis vor kurzem noch bei Sarah im Bett gelegen. Jetzt ist er hier und schenkt Bommel eine neue kunterbunte Schleife für seinen Hals. Der bindet die Schleife sofort um und ist nun ein schickes Geburtstagskind. Auch der Honigbär ist pünktlich und wieder hat er eine große Dose Honig mitgebracht. Kurz darauf kommen der Pandabär, der Waschbär und der Brummbär und Bommel freut sich sehr. Jetzt fehlt nur noch der Tanzbär und dann kann gefeiert werden. Alle Bären sitzen vor Bommels Höhle und warten nur noch auf ihn. In der Zwischenzeit naschen sie schon einmal von dem zuckersüßen Honig. Gerade als sie den letzten Rest aus der Dose geleckt haben, kommt der Tanzbär. Er ist noch ganz außer Atem, denn er kommt direkt aus der Zirkusvorstellung. Er schenkt Bommel eine Eintrittskarte für den Zirkus.
Nun kann gefeiert werden. Fröhlich und ausgelassen tanzen, lachen und essen die Bären, bis es dunkel ist. Um Mitternacht gehen sie in die Gästebetten und schlafen ein. Bommel setzt sich nun ganz alleine vor seine Höhle, schaut in die Sterne und denkt an seinen schönen Geburtstag. Wie immer war er bärenstark. Zufrieden legt auch er sich schlafen und hat bestimmt einen wunderschönen Traum.

Kuscheltierspiele

Sag mir, wem gehöre ich

Einige Kinder sitzen mit ihren Kuscheltieren in einer Stuhlreihe nebeneinander. Das Geburtstagskind schaut sich die Kuscheltiere und die dazu gehörenden Kinder gut an. Dann geht es vor die Tür. Die Kuscheltiere werden in die Mitte gelegt und das Geburtstagskind soll nun den richtigen Kindern das richtige Kuscheltier zurückgeben.
Variation: Die Kuscheltiere werden untereinander getauscht. Das Geburtstagskind muss sie wieder dem richtigen Kind zuordnen.

Sag mir, wer bin ich

Die Kuscheltiere der Kinder werden unter eine Decke gelegt. Nacheinander greifen die Kinder unter die Decke und versuchen, ihr Kuscheltier herauszufinden.

Ich sehe ein Kuscheltier, das du nicht siehst

Die Kuscheltiere liegen in der Kreismitte. Ein Kind beschreibt ein Kuscheltier, ohne es zu benennen. Das Geburtstagskind soll anhand dieser Beschreibung das Kuscheltier herausfinden.

Kuscheltierrätsel

Das Geburtstagskind kann die Rätsel lösen und das jeweilige Kuscheltier heraussuchen. Die Anzahl der zu lösenden Rätsel kann dem Geburtstag entsprechen, den das Kind an diesem Tag feiert.

Ich hab ein weiches schönes Fell,
ich hüpfe ganz schnell von der Stell.
Auf dem Feld kenn' ich mich aus,
auf dem Feld bin ich zu Haus.
(Hase)

Ich brumme laut und ich bin stark,
den süßen Honig ich gern mag,
ich stampfe durch das ganze Land,
bin bei den Kindern gut bekannt.
(Bär)

Ich schwimme gern im warmen See,
und sitz im Rasen und im Klee.
Ich schnatter' laut, wenn ich dich seh',
mal bin ich auch in deiner Näh.
(Ente)

Mich sieht man nur in einem Zoo,
eingesperrt bin ich nicht froh.
Meine Mähne weht im Wind,
Angst hat vor mir jedes Kind.
(Löwe)

Mein Hals ist lang, die Beine auch,
sehr lang und dünn ist auch mein Bauch.
Ich hol' die Pflaumen von dem Baum,
ich bin ganz groß, nicht nur im Traum.
(Giraffe)

Ich trample durch das ganze Land,
bin allen Kindern gut bekannt.
Mein Rüssel, der ist ganz schön lang.
Ich bin recht mollig, gar nicht schlank.
(Elefant)

Geschenkvorschläge/ Rezepte

Kleine Geschenke zum Geburtstag

Geburtstagsgeschenke begleiten Kinder oft sehr lange. Es sind wertvolle Erinnerungen an einen wichtigen Tag in ihrem Leben. Deshalb sollten sie nützlich, brauchbar und von bleibendem Wert sein. Sie sollten in einer Beziehung zu dem stehen, was das Kind täglich macht. Hier einige Beispiele für Geschenke, die nicht teuer, aber als Erinnerung sehr wertvoll sind.

Der Allzweckbeutel

Kinder können eine Tragetasche oft und gut gebrauchen. Ein Beutel aus Jutestoff, der z.B. mit den Daumen der Kinder aus der Gruppe bedruckt und mit deren Namen versehen ist, kann lange Freude machen.
Alternativ: T-Shirt, Handtuch

Ein buntes Halstuch

Ein Seidentuch, welches von den Freunden des Kindes mit Seidenmalstiften bemalt wurde, kann täglich getragen und somit ein treuer Begleiter werden.

Das Frühstücksgedeck

Im Laufe der drei Kindergartenjahre kann das Kind ein Gedeck sammeln. Z. B. eine mit dem eigenen Namen versehene Tasse im 1. Jahr, ein mit dem Namen versehenes Frühstücksbrettchen im 2. Jahr und ein bedrucktes Platzdeckchen im 3. Jahr machen das Gedeck komplett.

Eine Fotocollage

Bilder aus verschiedenen Situationen im Kindergarten, die als Collage zusammengestellt und mit einem Bilderrahmen gerahmt werden, können schöne Erinnerungen wecken.

Ein Geburtstagsalbum

Ein selbst zusammengestelltes Buch mit Liedern, Geschichten, Fingerspielen, Fotos, Bastelanregungen erinnert an Kindergartentage. Es kann jährlich erweitert werden.

Die Geburtstagstüte

Eine Tüte, ähnlich der Schultüte, wird mit Basteleien von den anderen Kindern, aber auch mit kleinen Kostbarkeiten wie Edelsteinen, einem Taschentuch, etwas Knete usw. gefüllt und dem Geburtstagskind überreicht.

Leckeres für den Geburtstagsschmaus

Überraschungspfannkuchen

Zutaten: 250 g Mehl, 3 Eier, ½ l Milch, etwas Salz, Obst, Puderzucker zum Bestreuen

Zubereitung: Aus den Zutaten wird ein Teig gerührt. Daraus werden kleine Pfannkuchen gebacken. Das Obst wird klein geschnitten und auf eine Hälfte des Pfannkuchens gelegt. Danach kann der Pfannkuchen umgeklappt und mit Puderzucker bestreut werden.

Variation: Der Pfannkuchen kann, bevor er mit Obst belegt wird, mit einer Nougatcreme bestrichen werden.

Obstlutscher

Zutaten: Bananen, Äpfel, Birnen, flüssiger Honig, Zitronensaft, Schokostreusel, Kokosraspeln, bunte Zuckerkugeln, Mandeln usw., Holzstäbe

Zubereitung: Die Bananen werden geschält und der Länge nach halbiert, das Obst wird geschält und längs geviertelt. Nun wird das Obst auf Holzstäbe gesteckt, mit Zitronensaft und Honig bestrichen und in den Schokostreuseln usw. gewendet. Diese Obstlutscher werden in einen Blumentopf, der mit Sand gefüllt ist, gesteckt und können nach Bedarf genascht werden.

Baumkekse

Zutaten: Butterkekse, Schokolade

Zubereitung: Die Schokolade wird flüssig gemacht und auf einen Keks gestrichen. Dann wird abwechselnd ein Keks, Schokolade, ein Keks usw. aufgeschichtet, bis eine „Baumstruktur“ zu erkennen ist.

Brot/Käsespieße

Zutaten: Schmale Vollkornbrotscheiben, Käse am Stück, Weintrauben oder anderes Obst, Holzspieße, Schmelzkäse oder Butter

Zubereitung: Eine Brotscheibe wird mit Käse oder Butter bestrichen und eine zweite darauf gelegt, die Brotkruste wird weggeschnitten. Aus dem Brot und dem Käse werden Würfel geschnitten. Abwechselnd Brot, Käse und Obst auf den Spieß geben. Fertig ist der Brotspieß.

Knuspermüsli

Zutaten: Naturjoghurt, Quark, Honig, Rosinen, Mandeln, gehackte Nüsse, Orangen und beliebiges anderes Obst

Zubereitung: Naturjoghurt, Quark und Honig werden verrührt, Rosinen, Mandeln und Nüsse untergemengt. Das Obst wird klein geschnitten, bis auf die Orangen, die halbiert werden und ihr Fruchtfleisch so vorsichtig herausgehoben, dass die Schalen ganz bleiben. Dort hinein wird die Joghurtmasse gefüllt und das Obst darauf gelegt.

Mixgetränke

Zutaten: eine Tüte Milch, Obst nach Wahl wie: 2 Bananen, 250 g Erdbeeren, Brombeeren oder Himbeeren usw., 1 Becher Sahne, Honig

Zubereitung: Milch mit dem Obst, dem Honig und 0,1 l Sahne mit einem Rührgerät mixen. In Gläser füllen und mit der restlichen, geschlagenen Sahne verzieren. Ein Bällchen Eis verfeinert den Geschmack.

Alte Melodien, neue Geburtstagslieder

Der Peter hat Geburtstag

(Melodie: Ich bin ein Musikante)

Der Name des jeweiligen Geburtstagskindes wird eingesetzt, z.B. Peter.

Vorsänger: Der Peter hat Geburtstag, wir gratulieren dir.
Alle: Der Peter hat Geburtstag, wir gratulieren dir.
Vorsänger: Drum will ich spielen.
Alle: Drum wollen wir spielen.
Vorsänger: Auf meiner Trommel.
Alle: Auf unsrer Trommel.
Vorsänger: Toromtomtom, toromtomtom, toromtoromtoromtomtom.
Alle: Toromtomtom, ...

Die Kinder können weitere Instrumente einsetzen.

Die Lena ist ein schönes Kind

(Melodie: Dornröschen war ein schönes Kind)

Auch hier wird der Name des jeweiligen Geburtstagskindes eingesetzt.

Die Lena ist ein schönes Kind, schönes Kind, schönes Kind,
die Lena ist ein schönes Kind, schönes Kind.
Sie feiert heut ein schönes Fest, schönes Fest, schönes Fest,
sie feiert heut ein schönes Fest, schönes Fest.
Und dazu lädt sie Gäste ein, Gäste ein, Gäste ein
und dazu lädt sie Gäste ein, Gäste ein.

Das Geburtstagskind geht herum und lädt einige Kinder (Anzahl nach Alter des Kindes) ein, mit ihm ins Geburtstagsland zu gehen:

Die ...(Jana), die soll mit mir gehn, mit mir gehn, mit mir gehn,
die Jana, die soll mit mir gehn, mit mir gehn.
Der ...(Bernd), ja, der soll mit mir gehn ...
Die ... (Sarah), die soll mit mir gehn ...

Alle:

Wir ziehen ins Geburtstagsland, Geburtstagsland,
Geburtstagsland,
da gibt es heut so allerhand, allerhand.
Wir springen, tanzen und sind froh und sind froh
und sind froh,
wir springen, tanzen und sind froh und sind froh.
Und ist das Fest dann abends aus, abends aus, abends aus,
dann gehen alle froh nach Haus, froh nach Haus.

Hoch, hoch, hoch

(Melodie: Summ, summ, summ)

Auch hier wird der Name des jeweiligen Geburtstagskindes eingesetzt.

Hoch, hoch, hoch, der ...(Klaus), er lebe hoch,
wir freuen uns auf das schöne Fest, das uns zusammen
tanzen lässt.
Hoch, hoch, hoch, der ... (Klaus), er lebe hoch.

Die Kinder können weitere Strophen erfinden.

... wir freun uns auf das schöne Fest, das uns zusammen
hüpfen lässt ...
... wir freun uns auf das schöne Fest, das uns zusammen
stampfen lässt ...

Literatur

mit vielen Tipps zur Gestaltung einer Geburtstagsfeier

- Ursula Barff
  Lauter tolle Sachen, die Kinder gerne machen
  Vehling Verlag, Berlin 1998

- Ingrid Biermann / Detlef Jöcker
  O, du schöne Spielezeit
  Menschenkinder Verlag, Münster 1994

- Ingrid Biermann / Reinhard Horn
  Und alle machen mit
  Kontakte Musikverlag, Lippstadt 1997

- Anne Braun/ Pia Eisenbarth
  Das Ritter Spiel- und Spaßbuch
  Loewe Verlag, Bindlach 1996

- Barbara Cratzius
  Indianer-Frühling
  Verlag Herder, Freiburg, 2. Auflage 1998

- Monika Gsella / Wolfgang Bort-Gsella
  Stock und Hut steh'n uns gut
  Ökotopia Verlag, Münster 1994

- Gisela Hennekemper
  Unvergessliche Kinderfeste
  Falken-Verlag, Niedernhausen 1995

- Knister
  Hexe Lillis Partyzauber
  Arena Verlag, Würzburg 1996

- Bernhard Schön
  Wild und verwegen übers Meer
  Ökotopia Verlag, Münster 1997

2. Auflage

Illustrationen: Unen Enkh, Denzlingen
Layout: Zumstein Grafik-Design, Merzhausen
Herstellung: J. P. Himmer, Augsburg
ISBN 3-451-27103-6